EVIA
EDICIONES

EVIA EDICIONES
ES PROPIEDAD DE EDICIONES VISUALES ALBERDI S.A.
BUENOS AIRES · ARGENTINA
www.eviatienda.com

Institutos

Leticia Suárez del Cerro

CURSOS DE MODELADO EN PORCELANA FRÍA

SEDE CENTRAL CASEROS
Directora General y de Enseñanza:
Leticia Suárez del Cerro

Andrés Ferreyra 2594
Teléfonos: 4716-2420
info@suarezdelcerro.com.ar
Facebook: Leticia Suárez del Cerro - Instituto Caseros
Seminarios y perfeccionamientos dictados por Leticia.
Profesorado con títulos otorgados y avalados por Leticia Suárez del Cerro.

SUCURSAL CABALLITO
Directora: Margarita Suárez del Cerro
Del Barco Centenera 295 1er piso
Teléfonos: 4902-5917
caballito@suarezdelcerro.com.ar
Facebook: Instituto Leticia Suárez del Cerro - Sucursal Caballito

INTERIOR DEL PAIS
CÓRDOBA
Organizadora: Verónica Anabella Alcántaro
Dirección: Madre Pastorino 3075
Barrio Villa Corina - Córdoba Capital
Teléfono: 0351-479-2258   0351-15-632-7741
email: naeli@live.com.ar
Facebook: Naeli Creaciones

TUCUMÁN
Organizadora: María Angela Pastorini "El taller de Marietta"
Dirección: B° 200 Viviendas de Viluco Mna. "A" Casa
32 - Tucumán Teléfono: 0381-400-5379 I 0381-15-445-2539
email: mpastorini22@yahoo.com.ar I marietta2275@yahoo.com.ar
facebook: Marietta porcelana fría

ROSARIO
Organizadora: Patricia Aguirre - Taller Soles
Dirección: Triunvirato 440 (ex 540) Rondeau al 200
Teléfono: 0341-454-9496 I Celular: 0341-15-606-1505
email: yo_pato15@hotmail.com I tallerdossoles@hotmail.com

PEHUAJO
Organizadora: Marisol Giannotti
Dirección: Clemente Grand 880 - Pehuajó, Prov. de Bs. As.
Teléfono: 02396-475-490 I Celular: 02396-15-622-592
email: marigiann@hotmail.com I facebook: Marisol Giannotti

SAN JUAN
Organizadora: Cecilia Leonor Quiroga
Dirección: Coronel Guerrero 258, Villa San Martín, Albardón, San Juan
Teléfono: 0264-491-2325 I Celular: 0264-15-509-7905
email: quirogacecilialeonor@live.com
facebook: Cecilia Quiroga

MENDOZA
Organizadora: Adela Berrondo "Taller Locas Artesanías"
Dirección: Barrio In-me M. L. Casa 6 - El Challao - Las Heras
Mendoza Teléfonos: 0261-444-4186 I 0261-15-557-5562
email: duque-002@hotmail.com I facebook: Adela Berrondo

LA PAMPA
Organizadora: María Eugenia Italiani y Marisol Ginnotti
Dirección: González 334 - Santa Rosa - La Pampa
Teléfonos: 02954-430598 I Celular: 02396-15-622-592
Email: marigiann@hotmail.com
Facebook: Marisol Giannotti

MAR DEL PLATA
Organizadora: Mabel Guerrero
Dirección: Berutti 3936 (entre Guido y Funes)
Teléfonos: 0223-475-7780 I Celular: 0223-15-536-1980
email: mabel_guerrero12@hotmail.com
Facebook: Porcelana Caricias de Hadas

Participan en esta edición

MARÍA LAURA ROMBOLÁ
Profesora Instituto
Caballito

PAULA SIMONETTI
Profesora Instituto
Caballito

ADRIANA GARIFO
Profesora Instituto
Sucursal Caballito

SERGIO LEDESMA
Profesor Instituto
Central Caseros

Editorial

¡Hola amigas!
Un nuevo mes, ¡una nueva revista de Porcelana!

Es muy lindo saber que todas compartimos la misma pasión por este hermoso material, que se nos pasan las horas sin darnos cuenta… que cuando pasa un día sin tener la porcelana en nuestras manos sentimos que nos falta algo.

Sé que somos muchas las que trabajamos por las noches cuando la casa está en calma y ese es "nuestro tiempo" para disfrutar.

Siempre leo sus mensajes y son muy similares las vivencias que me comparten, todas experimentamos de alguna manera algo parecido.

No hay nada más hermoso que hacer lo que nos gusta, y que podamos ganar nuestro dinero para tener autonomía económica.

Que disftruten mucho esta revista, ¡las quiero mucho!

LETICIA SUÁREZ DEL CERRO
Directora General y de Enseñanza
SEDE CENTRAL CASEROS

TERNURA CANINA
Un presente perfecto para las fanáticas de los animales, esta perrita desplegará su encanto donde sea.

pág. 20

LA EDAD DEL SOL
Un reflejo perfecto de una edad tan linda, llena de cambios y de crecimiento.

pág. 11

PURO ALIENTO
Un arreglo súper masculino cargado de hinchas apasionados para los fanáticos del fútbol.

pág. 6

ARRORÓ MI SOL
Propuesta para un baby shower, esta vez un bebito que parece no querer dormir.

pág. 16

COQUETERÍAS PRIVADAS
Caja para guardar el diario íntimo de una niña con motivos ultrafemeninos

pág. 31

TÍTULO EN MANO
Un juego de 12 souvenirs para homenajear el esfuerzo y la dedicación de un estudiante.

pág. 28

Generalidades **básicas**

La porcelana fría es una masa dúctil que se seca al aire libre. se la debe conservar en lugares frescos y oscuros, dentro de bolsitas o frascos herméticos (siempre separada por colores). dura dos meses aproximadamente y la consistencia de la masa debe ser similar a la de la plastilina.

Teñido **de la masa**

• Se puede dar color a la porcelana fría con óleos, colorantes vegetales, témperas y acrílicos. Tener en cuenta que los dos últimos son pinturas a base de agua y no al aceite, de modo que es recomendable utilizar para teñir colores muy claros, colocando una pequeña cantidad del producto.

• Es aconsejable teñir con pocas cantidades de pintura y si es necesario intensificar el tono volver a colocar el color y mezclar nuevamente, ya que si el resultado es muy oscuro se necesitarán grandes cantidades de masa natural para aclararla.

• Tener en cuenta que una vez que se seca la porcelana el color se oscurece, por este motivo teñir un tono más bajo al que se desea como resultado final.

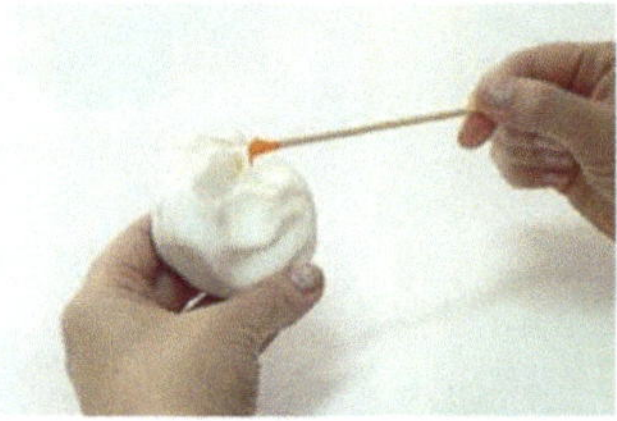

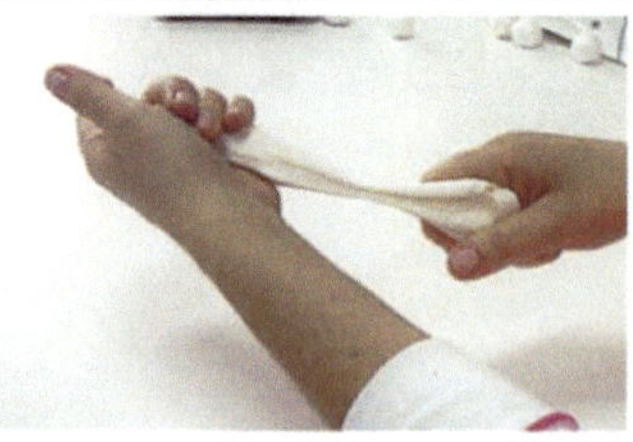

Forrado **de esferas con prolongación**

• Forrar una esfera de telgopor hundiendo la misma en una porción de masa dos veces mayor al volumen de la esfera.
• Subir la masa dejando una capa fina alrededor de la esfera; buscar la forma de la misma por debajo de la masa de manera que se note bien la redondez de la esfera.
• Con el resto de la masa realizar una prolongación a modo de rollo (su largo va a depender de la figura que se va a modelar). Presionar el sobrante de masa afinándola para que no queden imperfecciones en el corte.
• Mediante esta técnica podremos realizar cuerpos, cabezas, frutas, verduras y diversos objetos.
La esfera de telgopor nos ayuda a dar formas perfectamente redondas y a alivianar el modelo terminado. Podemos encontrar gran variedad de tamaños de esferas.

Modelados **de manos**

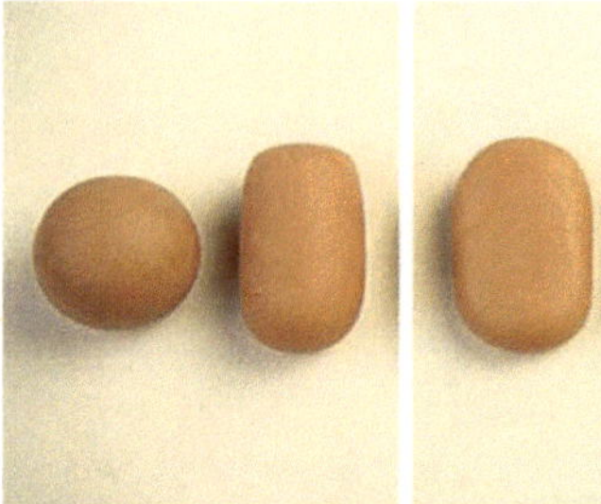

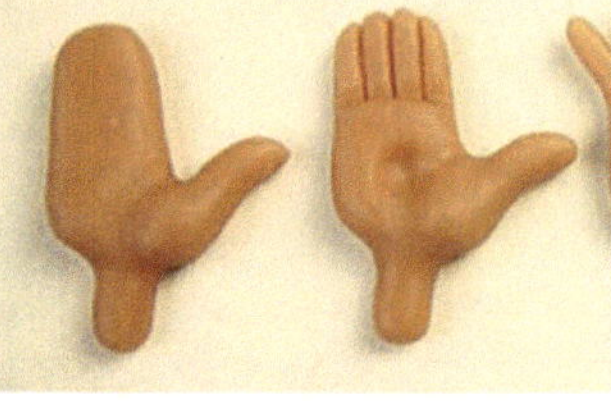

• Partiendo de una esfera sin grietas modelar un rollito y aplanar, afinar una pequeña porción para la muñeca. Cortar una forma triangular para separar el pulgar del resto de los dedos.
• Redondear el corte y dar forma al pulgar abarcando la palma hasta la muñeca. Hundir el centro de la palma con un bolillo, y realizar una leve curva descendente para el nacimiento de los dedos restantes. Cortar los dedos, separar y redondear. Marcar las falanges con una esteca de filo.

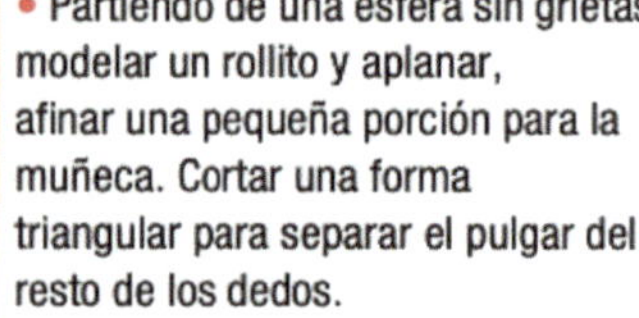

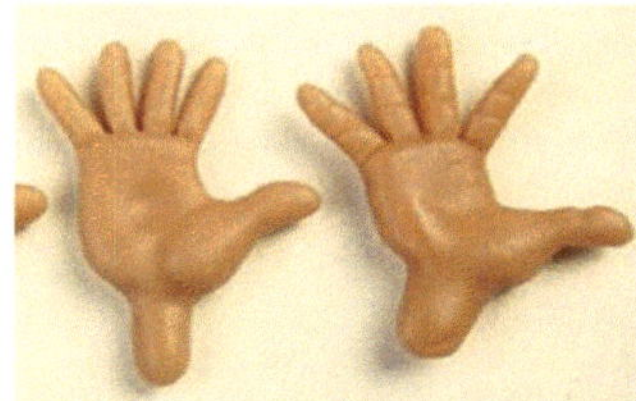

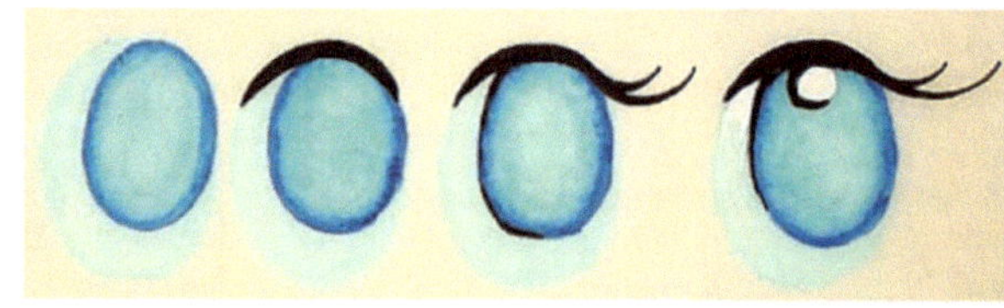

PINTURA DE OJOS

• Pintar un óvalo con marcador celeste muy claro pintando su interior. Con un azul oscuro dibujar un óvalo por dentro que sea más pequeño al de la base clara; orientarlo hacia la derecha o la izquierda, según la dirección de la mirada.
• Con el marcador celeste claro esfumar el azul hacia el interior del óvalo obteniendo la mezcla de ambos tonos. Con una microfibra negra realizar una curva en la parte superior del ojo; engrosar con nuevos trazos en su parte media dejando los extremos finos a modo de medialuna.
• A continuación dibujar dos pestañas, una más larga que otra.
• Con una microfibra blanca iluminar la mirada realizando un punto en la parte central y superior del óvalo oscuro (pupila del ojo). En el ángulo superior del óvalo claro rellenar con blanco y esfumar hacia abajo con una fibra gastada, que no contenga tinta.
Por último delinear con negro el punto blanco y el óvalo oscuro para obtener una mejor definición y contraste.

Modelado de cabeza básica

- Forrar una esfera de telgopor hundiendo la misma en una porción de masa (fotos 1, 2 y 3) utilizando la técnica del forrado de esfera con prolongación (página 4).
- Destacar la redondez de la esfera ubicada debajo de la capa pareja de masa (sector de la frente) para poder tomar recién ahí la medida de la misma y trasladar sólo la mitad a la prolongación (foto 4).
- Esta imagen muestra la mitad de la medida de la esfera trasladada a la prolongación. Hundir con el dedo para marcar el límite de la cara y así poder retirar el sobrante de masa (foto 5).
- Afinar sobre esta marca presionando hacia abajo con un dedo hasta cortar en la parte posterior (donde luego estará ubicado el cuello) sin que queden prácticamente marcas (foto 6 y 7).
- Redondear la zona del corte, dando forma de pera (foto 8).
- Para separar el cuello de la cara, dividir la zona recién redondeada por la parte inferior aproximadamente a la mitad del espesor de la misma (prolongación). Continuar marcando esta línea divisoria cara-cuello subiendo en ambos laterales hasta llegar a la esfera (que sería el cráneo). Esta marca separa el cuello por detrás de la cara, diferenciando la mandíbula inferior del mismo (fotos 9 y 10).
- Alargar el sector del cuello estirando la masa y afinando con los dedos hacia abajo a modo de rollo (foto 11).
- Evitar que la masa para realizar mejillas, nariz y boca quede apuntando hacia abajo, quedando así una forma de "trompa caída" muy separada de la frente; para ello, presionar este sector de masa hacia la esfera "compactando" la misma para que resulte un perfil delicado y respingado. Hacer presión constantemente en el límite donde termina la esfera y comienza la prolongación; este sector separa la frente redondeada (por la esfera que está debajo) de la zona del resto de la carita. Hundir imitando una "canaleta" en este sector divisorio en donde luego se dibujarán los ojos (foto 12).
- Para la nariz (foto 13), realizar una pequeña bolita de masa, dándole forma ovalada. Pegarla de manera apaisada y en el centro de la cara dejando para ambas mejillas la misma proporción de masa. Tener en cuenta que la nariz se ubica a continuación de la canaleta de los ojos; bien cerca de la frente.
- Con un bolillo chico realizar la boca (foto 14), hundiendo y bajando para formar el labio inferior. Con una esteca de punta curva marcarlo por debajo para definirlo bien (foto 15).
- Para el mentón (foto 16), dejar una pequeña porción de masa debajo de la boca y, con los pulgares, separar la misma de las mejillas redondeando siempre las formas con las yemas de los dedos.
- Modelar dos peritas pequeñas para las orejas y pegarlas en forma invertida a los lados de la cabeza. Con un bolillo chico ahuecar en el centro (foto 17).
- Una vez que la masa esté bien seca, luego de 24 horas, pintar los ojos y dar color a las mejillas con rubor o polvos tonalizadores (foto 18).

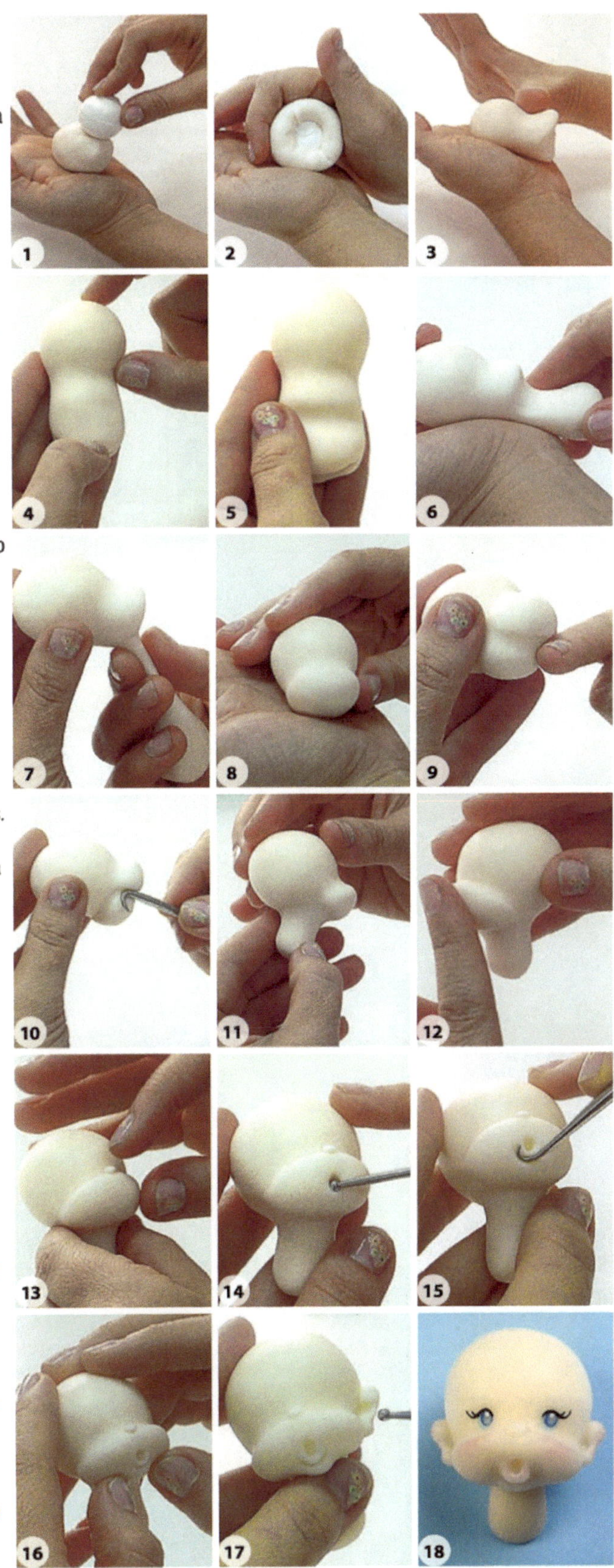

Puro aliento

Un arreglo súper masculino cargado de hinchas
apasionados para los fanáticos del fútbol.

MATERIALES

- Porcelana fría 2,5 kg
- Esferas N° 3
  (para 9 souvenirs)
- Cubo de telgopor
- Cola vinílica
- Palo de amasar
- Estecas
- Toallitas húmedas
- Colores: azul, amarillo, piel, negro, marrón claro y marrón oscuro
- Trofeo de cotillón
- Stickers del escudo de boca
- Marcadores blanco y negro
- Cinta de enmascarar
- Ojos autoadhesivos
- Plancha de telgopor
- Purpurina dorada
- Palitos de brochette

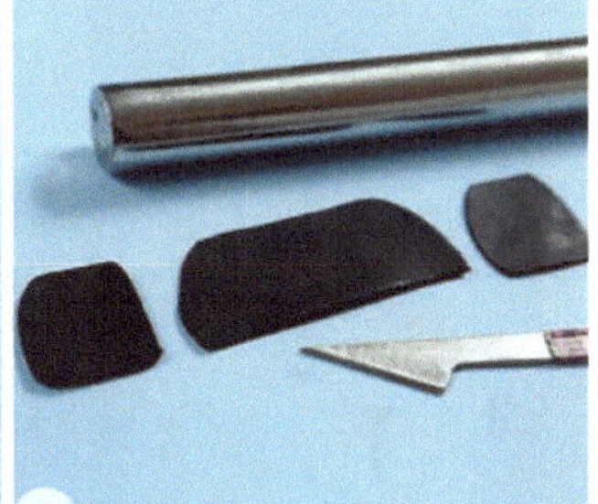

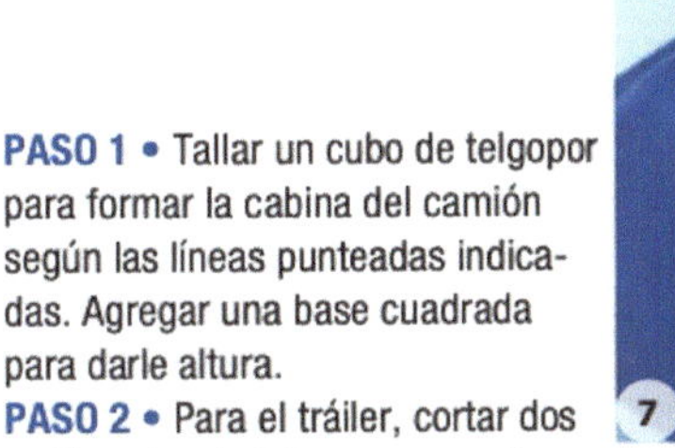

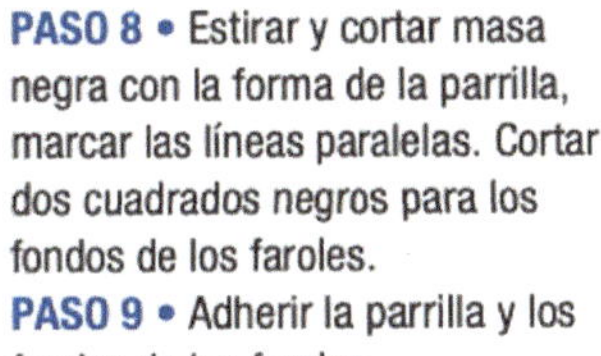

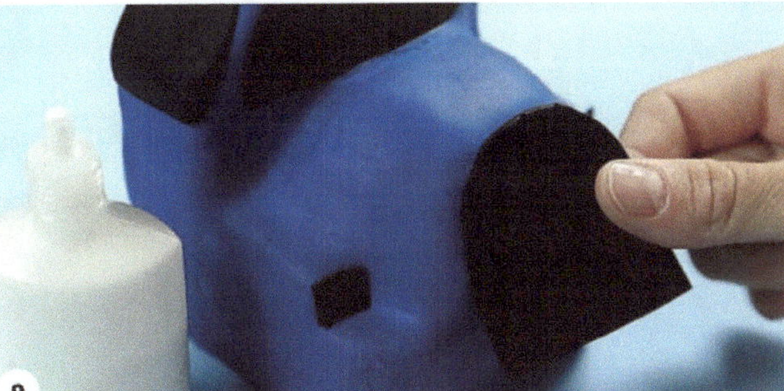

PASO 1 • Tallar un cubo de telgopor para formar la cabina del camión según las líneas punteadas indicadas. Agregar una base cuadrada para darle altura.

PASO 2 • Para el tráiler, cortar dos rectángulos de telgopor y para las gradas cortar otro más angosto.

PASO 3 • Estirar masa azul gruesa y forrar la cabina del camión.

PASO 4 • Unir las placas del tráiler con cinta de enmascarar y forrar.

PASO 5 • Forrar la grada y armar la estructura del camión.

PASO 6 • Estirar masa negra y cortar las ventanas y el parabrisas.

PASO 7 • Pegar las ventanas y el parabrisas.

PASO 8 • Estirar y cortar masa negra con la forma de la parrilla, marcar las líneas paralelas. Cortar dos cuadrados negros para los fondos de los faroles.

PASO 9 • Adherir la parrilla y los fondos de los faroles.

PASO 10 • Pegar una tira negra en el borde inferior y otra de color gris más ancha para el paragolpes.

PASO 11 • Modelar las ruedas color negro, marcar el dibujo de la cubierta, decorar con un circulo de masa azul y un botón amarillo.

PASO 12 • Decorar con purpurina dorada y hacer orificios alrededor del círculo.

PASO 13 • Pegar ruedas a la cabina.

PASO 14 • Pegar rectángulos amarillos para los guardabarros.

PASO 15 • Modelar los faroles con masa amarilla, aplicar purpurina dorada y pegar sobre una bolita negra aplastada.

PASO 16 • Pegar los faroles sobre una cinta de masa negra agregada previamente al techo de la cabina.

PASO 17 • Adherir un rollo amarillo para cubrir los bordes de las ventanas y parabrisas.

PASO 18 • Pegar un borde negro en la parte inferior del acoplado y en la parte superior, fijar uno amarillo.

PASO 19 • Adherir las ruedas con cola vinílica.

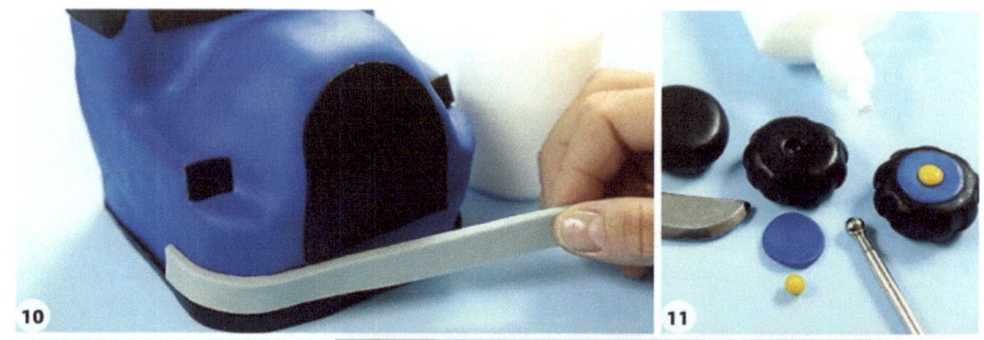

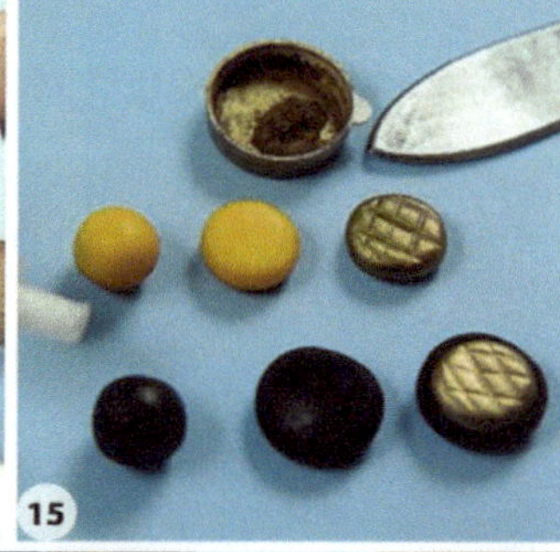

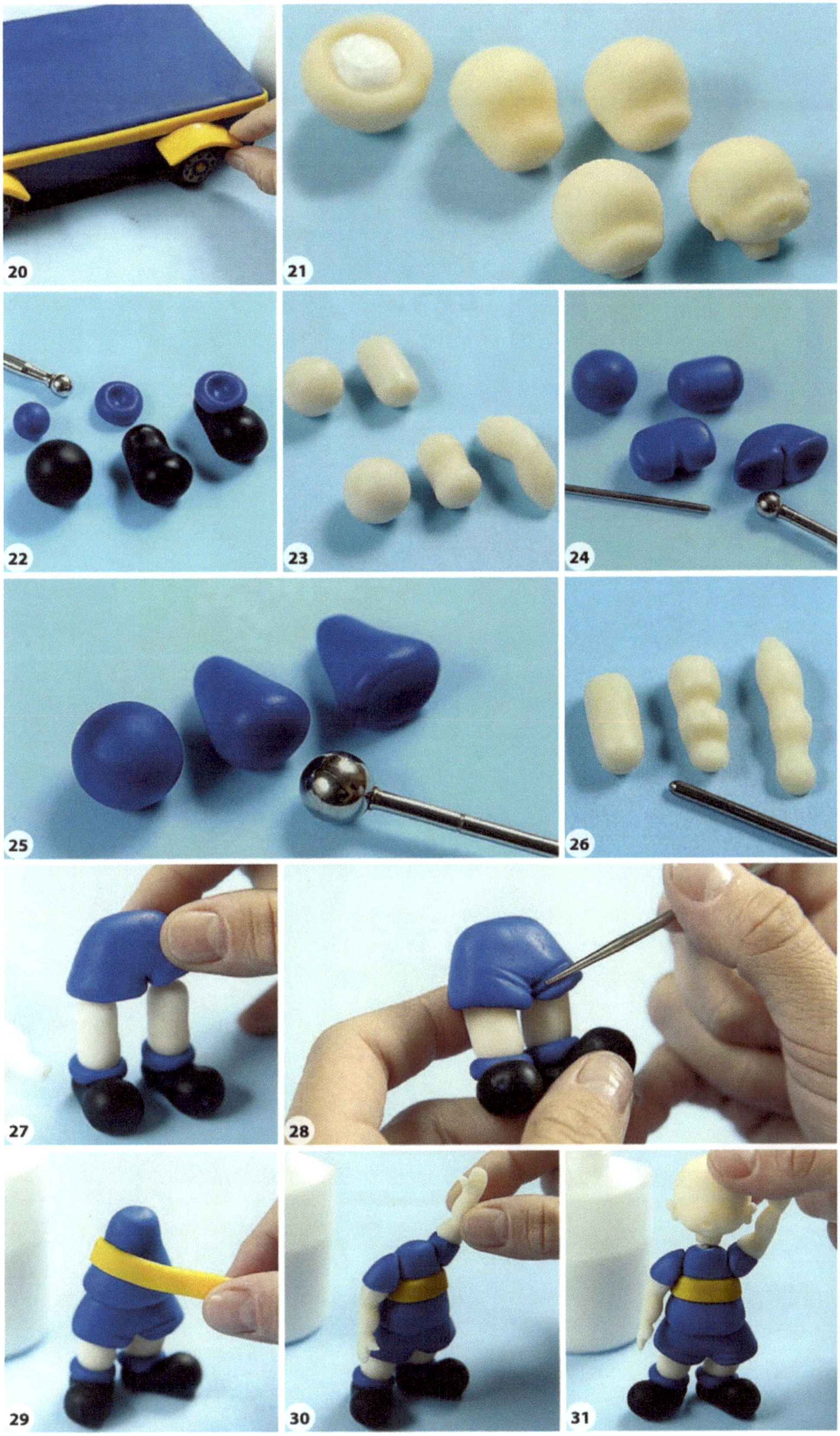

PASO 20 • Pegar los guardabarros al acoplado.

PASO 21 • Modelar cabeza siguiendo los pasos de las explicaciones básicas.

PASO 22 • Hacer los zapatos, partiendo de dos rollitos, dividir en dos partes, una más pequeña que la otra. Pegar una bolita aplastada azul para la media.

PASO 23 • Para cada pierna, para los hinchas parados, realizar un rollo derecho. Para los sentados, marcar una rodilla y flexionar.

PASO 24 • Para el pantalón, modelar un rollo y dividir las piernas, afinar cintura y ahuecar para poner las piernas.

PASO 25 • Realizar un cono azul sin punta para la remera y ahuecar la parte inferior.

PASO 26 • Modelar dos rollos para los brazos, marcar dos porciones para definir el codo y la muñeca.

PASO 27 • Pegar las piernas, los zapatos y el pantalón.

PASO 28 • Hacer arruguitas en el pantalón.

PASO 29 • Pegar una tira amarilla en la remera.

PASO 30 • Modelar un conito azul para cada manga, pegar a los brazos y adherir al cuerpo.

PASO 31 • Pegar cabeza al cuerpo.

PASO 32 • Colocar un rollito amarillo para formar el escote V y un casquito marrón para el pelo.

PASO 33 • Aplicar ojos, hacer cejas y pecas.

PASO 34 • Hacer un cartel con un rectángulo amarillo y palitos de brochette.

PASO 35 • Modelar accesorios, bandera, pelotas, cornetas, trofeo de cotillón, stickers, serpentinas y tambor.

PASO 36 • Realizar un fuelle de masa negra.

PASO 37 • Unir el acoplado a la cabina pegando el fuelle.

PASO 38 • Pegar el cartel sobre la grada.

PASO 39 • Colocar los hinchas sobre el acoplado.

PASO 40 • Para los souvenirs, estirar masa azul para la base y pegar sobre ella un hincha parado.

IMPORTANTE
La cabeza debe estar seca para ponerle el pelo.

Dice Leti...
Pegar los hinchas a la base para darles estabilidad.

Profesora | **María Laura Rombolá**

La edad del sol

Un reflejo perfecto de una edad tan linda, llena de cambios y de crecimiento.

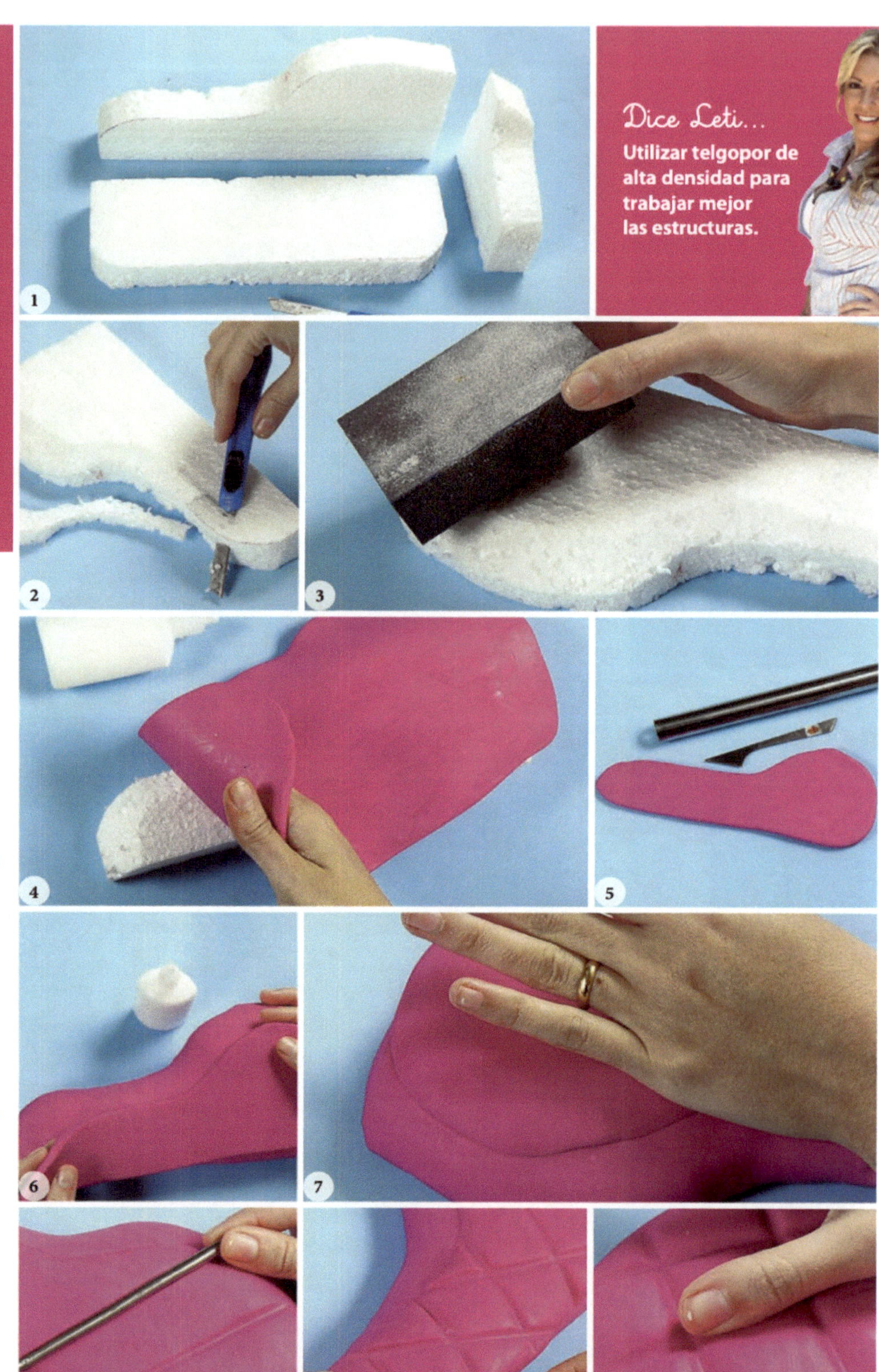

MATERIALES

- Porcelana fría: 2 kg
- Palca de telgopor de 25 cm x 25 cm de 3 cm de espesor
- Esfera Nº 4
- Cúter
- Palillos
- Base de fibrofácil ovalada
- Acrílico dorado
- Varilla roscada
- Colores: naranja flúo, fucsia, siena natural, blanco y celeste
- Stickers de strass
- Servilleta para découpage
- Cepillo de cerda dura

PASO 1 • Para el sillón, cortar tres partes de una placa de telgopor para formar la base, el respaldo y el posa brazo.

PASO 2 • Cortar a 45º con un cúter para retirar los filos de los bordes.

PASO 3 • Lijar los bordes.

PASO 4 • Estirar masa color fucsia y forrar el respaldo de ambos lados.

PASO 5 • Para la parte del capitoné del respaldo, estirar masa color fucsia de 5 mm de espesor y cortar una forma similar al respaldo.

PASO 6 • Pegar al respaldo.

PASO 7 • Presionar los bordes para adaptar la forma.

PASO 8 • Con una esteca metálica de mango grueso, marcar líneas diagonales.

PASO 9 • Marcar líneas diagonales en el sentido opuesto para lograr rombos.

PASO 10 • Redondear los filos de la esteca con los dedos.

PASO 11 • Realizar un orificio en cada cruce de líneas y marcar arrugas para simular el efecto de capitoné.

PASO 12 • Forrar la base del sillón de ambos lados con masa color fucsia.

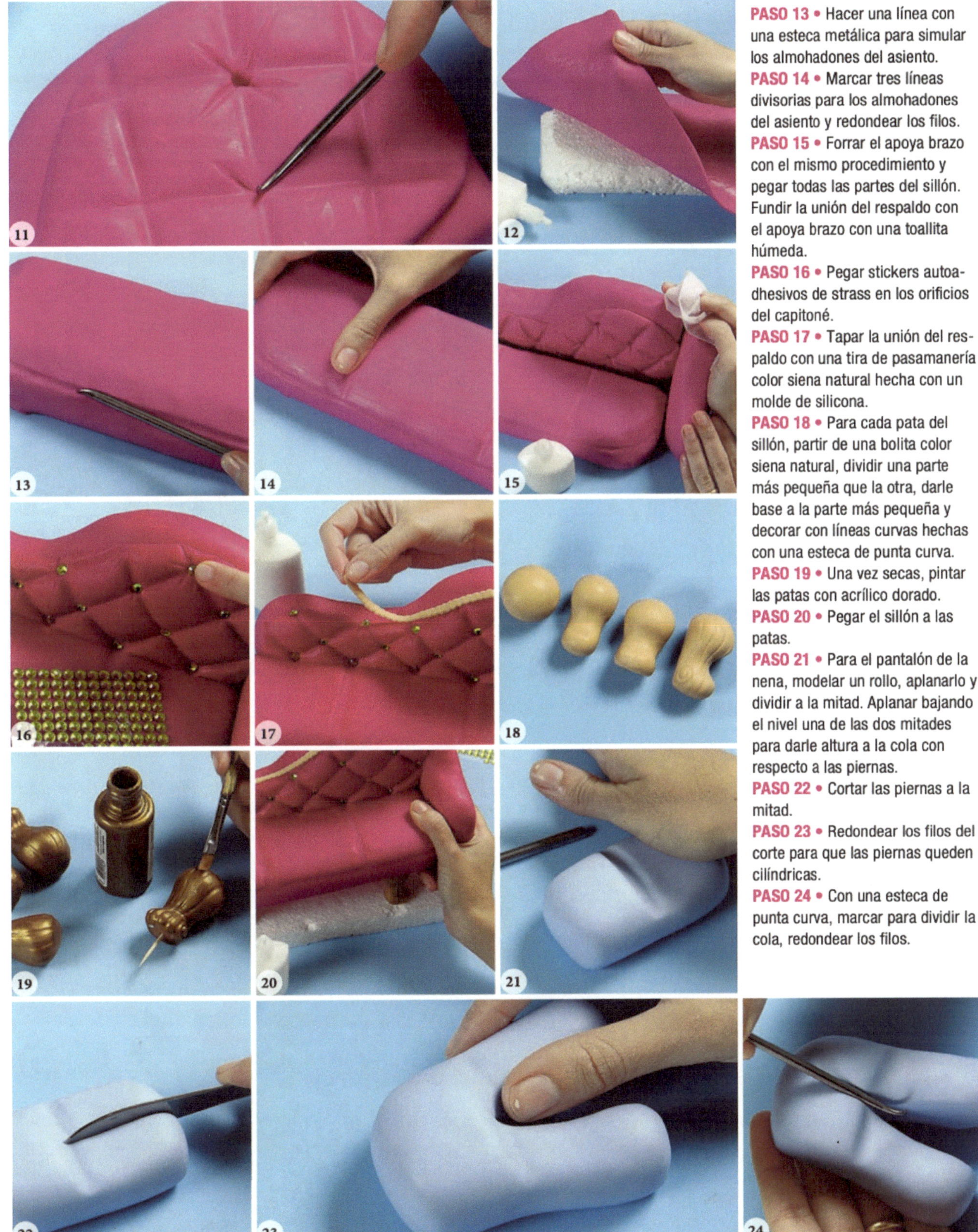

PASO 13 • Hacer una línea con una esteca metálica para simular los almohadones del asiento.

PASO 14 • Marcar tres líneas divisorias para los almohadones del asiento y redondear los filos.

PASO 15 • Forrar el apoya brazo con el mismo procedimiento y pegar todas las partes del sillón. Fundir la unión del respaldo con el apoya brazo con una toallita húmeda.

PASO 16 • Pegar stickers autoadhesivos de strass en los orificios del capitoné.

PASO 17 • Tapar la unión del respaldo con una tira de pasamanería color siena natural hecha con un molde de silicona.

PASO 18 • Para cada pata del sillón, partir de una bolita color siena natural, dividir una parte más pequeña que la otra, darle base a la parte más pequeña y decorar con líneas curvas hechas con una esteca de punta curva.

PASO 19 • Una vez secas, pintar las patas con acrílico dorado.

PASO 20 • Pegar el sillón a las patas.

PASO 21 • Para el pantalón de la nena, modelar un rollo, aplanarlo y dividir a la mitad. Aplanar bajando el nivel una de las dos mitades para darle altura a la cola con respecto a las piernas.

PASO 22 • Cortar las piernas a la mitad.

PASO 23 • Redondear los filos del corte para que las piernas queden cilíndricas.

PASO 24 • Con una esteca de punta curva, marcar para dividir la cola, redondear los filos.

PASO 25 • Hacer pliegues y redondear filos.

PASO 26 • Realizar pliegues en los bordes de las piernas y redondear.

PASO 27 • Marcar una línea para la terminación del pantalón.

PASO 28 • Modelar las piernas partiendo de dos rollos, separarlos en tres porciones, estilizar y hacer un pie en el extremo.

PASO 29 • Para el torso, partir de un rollo con un extremo más ancho que el otro, aplanar, separar un cilindro para el cuello y formar los hombros y el busto.

PASO 30 • Marcar una canaleta para simular la columna vertebral.

PASO 31 • Pegar el cuerpo al pantalón.

PASO 32 • Cortar un tercio del muslo de las piernas, flexionar y pegar al pantalón.

PASO 33 • Hacer una cabeza básica, con una esteca de punta curva, modelar la nariz.

PASO 34 • Realizar la boca marcando los labios con bolillos, pegar la cabeza al cuerpo y fundir con una toallita húmeda el cuello.

PASO 35 • Una vez seca la cabeza, pintar los ojos y los labios con marcadores al agua. Pegar dos bolitas de masa fucsia para los aritos.

PASO 36 • Modelar los brazos, partir de un rollo, separar tres porciones, estilizarlas y realizar una mano en el extremo.

PASO 37 • Adherir los brazos al cuerpo. Marcar una canaleta para destacar el hombro.

PASO 38 • Cortar un círculo de masa blanca y ruletear los bordes.

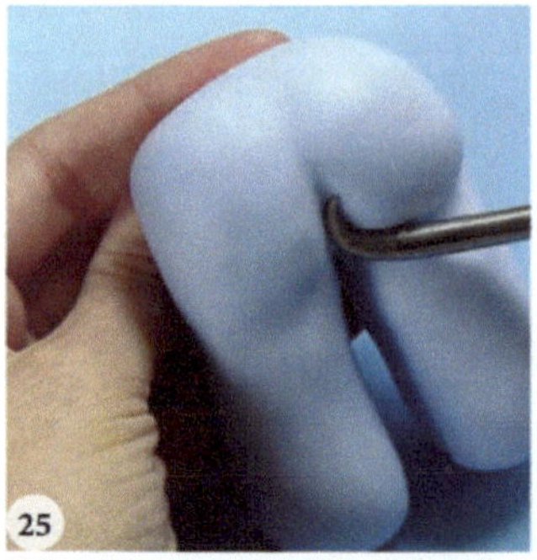

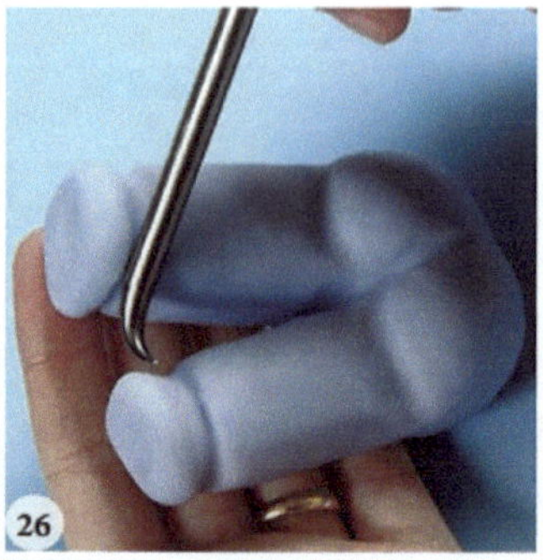

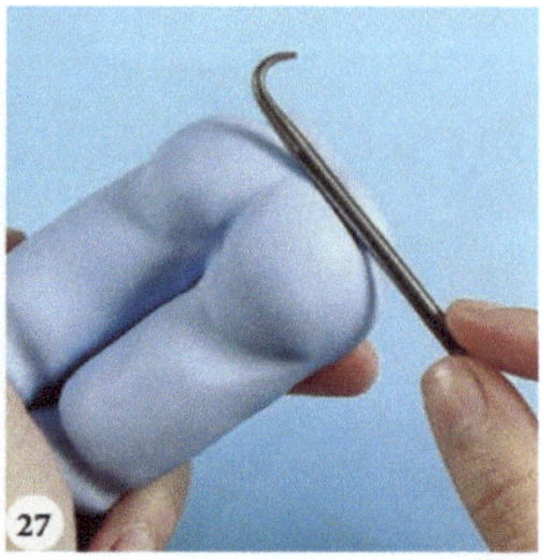

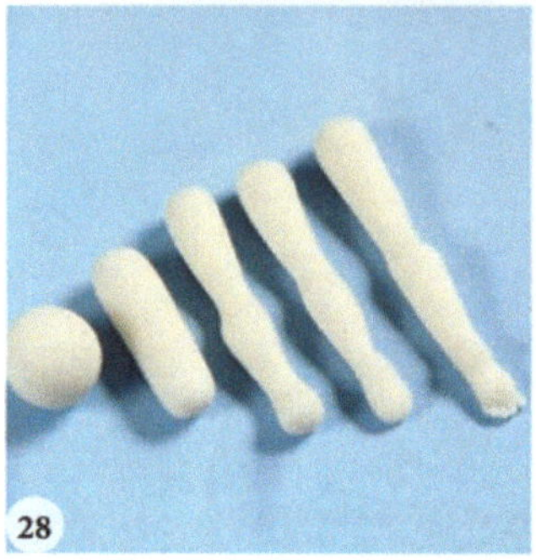

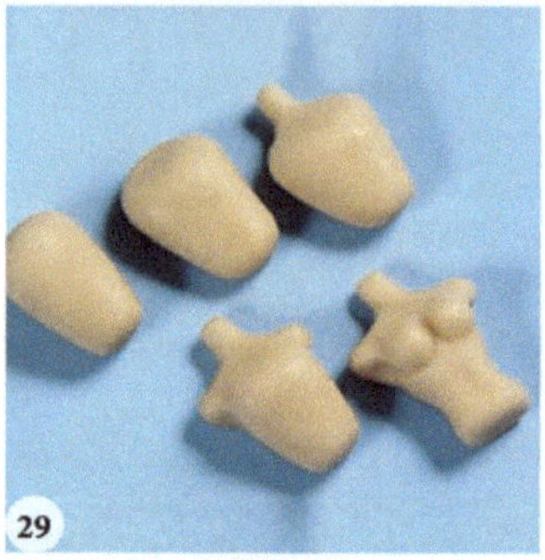

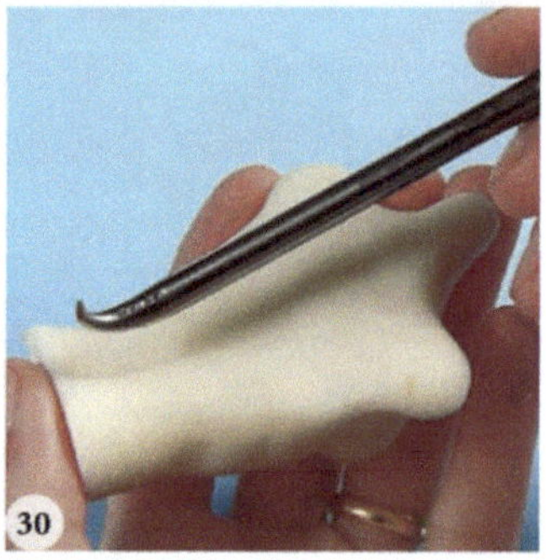

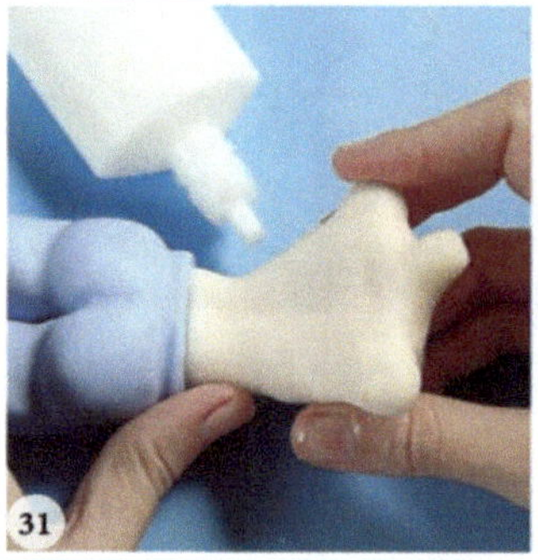

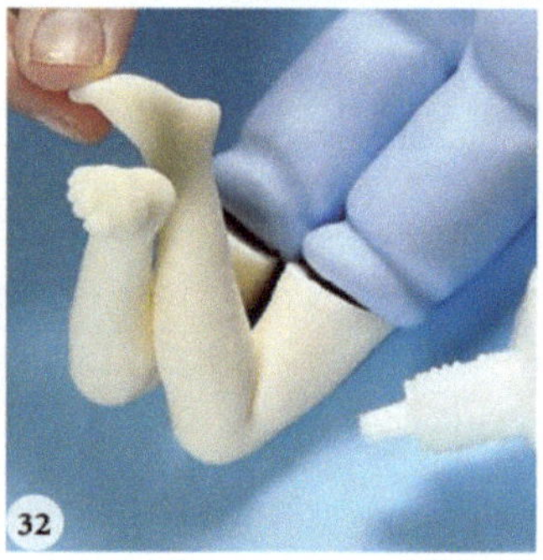

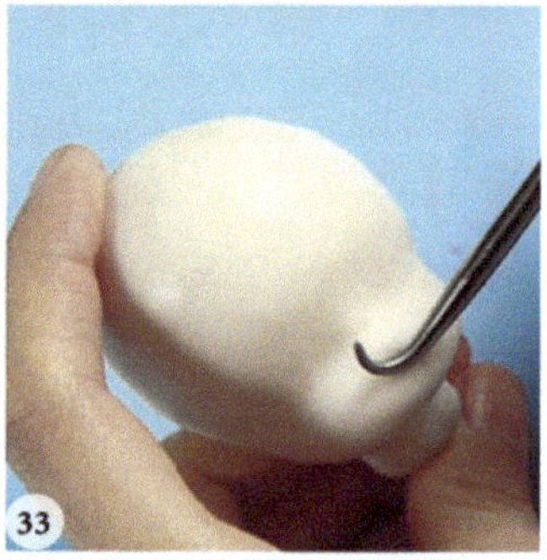

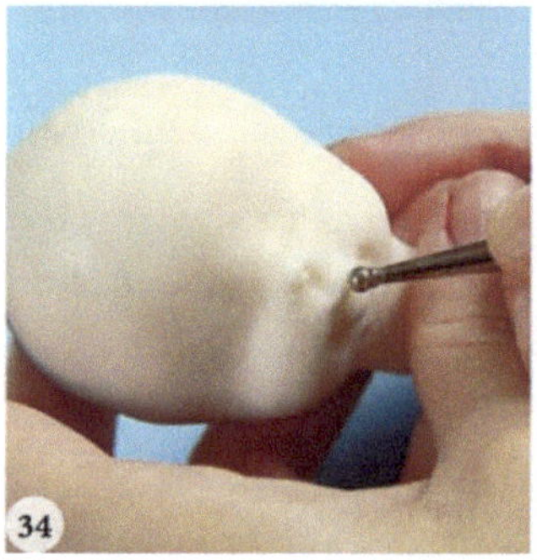

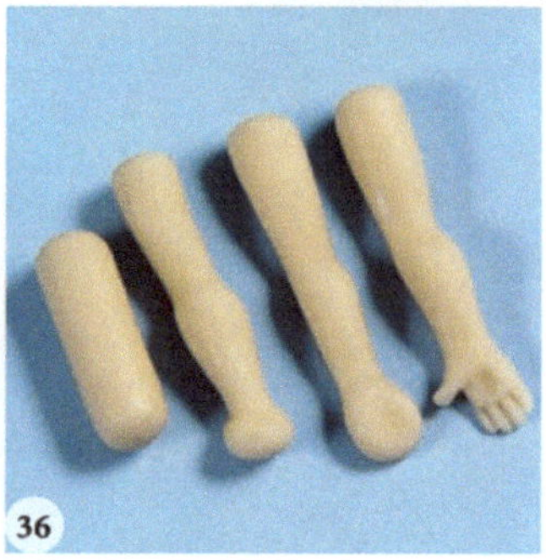

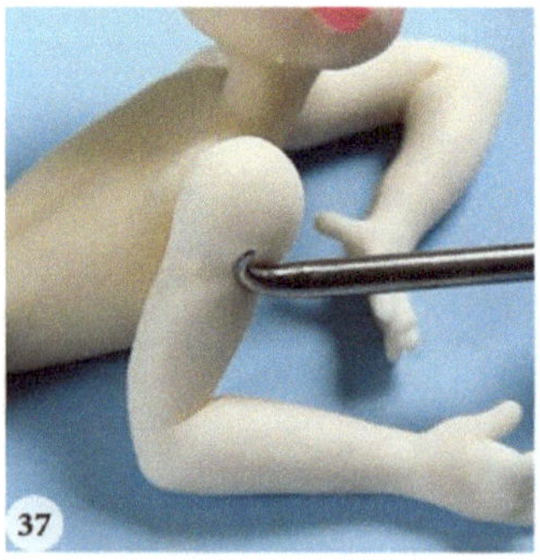

Cortar un círculo más pequeño con una servilleta de découpage.

PASO 39 • Pegar el círculo de servilleta al círculo de masa con cola vinílica. Hacer un corte en el círculo con una tijera.

PASO 40 • Colocar el círculo envolviendo el cuerpo de atrás hacia adelante. Con una esteca de punta curva, marcar los hombros.

PASO 41 • Adherir un rollo de masa color fucsia para decorar la manga. Pegar dos bolitas color celeste y hacer un orificio con un bolillo para los botones.

PASO 42 • Para los bolsillos, estirar masa color celeste y texturar con una varilla roscada, decorar con flores fucsias.

PASO 43 • Fijar los bolsillos y hacer una presilla en el borde del pantalón.

PASO 44 • Para el pelo, modelar una lágrima de color siena natural, aplanarla y colocarla de atrás hacia adelante con cola vinílica.

PASO 45 • Texturar con una esteca de punta curva.

PASO 46 • Dar textura al flequillo hacia atrás.

PASO 47 • Pegar la nena al sillón con cola vinílica.

PASO 48 • Pintar la tirita de pasamanería con acrílico color dorado.

PASO 49 • Para la base, estirar masa color celeste y decorar con flores fucsias hechas con un cortante.

PASO 50 • Forrar un óvalo de fibrofácil con la masa celeste estirada anteriormente de ambos lados.

PASO 51 • Texturar la base con un cepillo de cerda dura para imitar una alfombra.

PASO 52 • Adherir el sillón a la base.

PASO 53 • Utilizar un espejo y forrarlo con masa, luego, pegarlo a la base.

Profesor | **Sergio Ledesma**

Arrorró mi sol

Otra original propuesta para un baby shower, esta vez un bebito que parece no querer dormir.

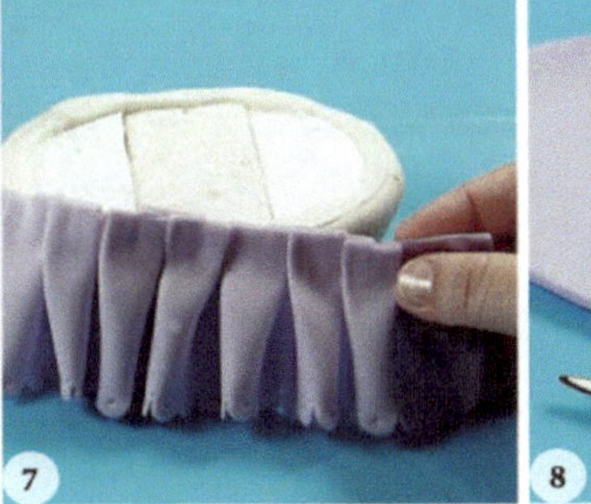

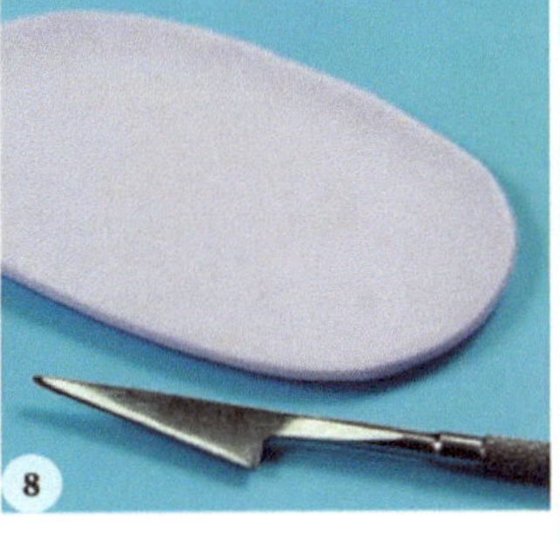

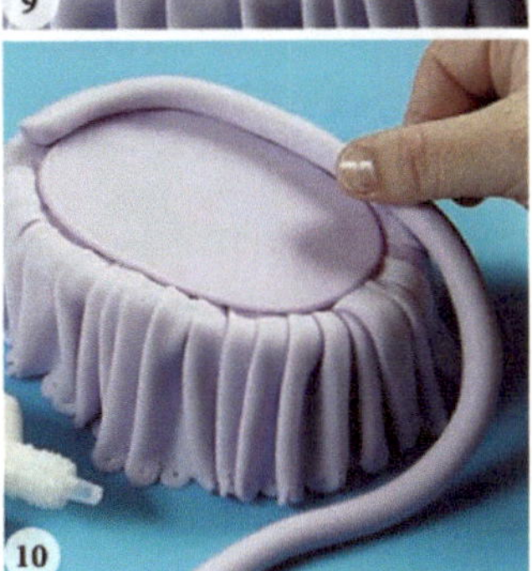

MOISÉS

PASO 1 • Para la estructura del moisés, utilizaremos media esfera N° 8.

PASO 2 • Para prolongar la media esfera, cortar un pedazo de telgopor dándole la misma forma.

PASO 3 • Unir las tres partes con cola vinílica y palillos de madera.

PASO 4 • Estirar masa para forrar la base del moisés y cortar el excedente.

PASO 5 • Para los volados del moisés, estirar masa del color deseado, cortar una cinta que sea centímetros más alta que la estructura del moisés. Con un cortante de onda mediano, realizar las ondas al volado y con una esteca de punta decorar las mismas con puntitos.

PASO 6 • Hacer tablitas encontradas con las cintas de los volados para vestir el moisés.

PASO 7 • Adherir el volado al moisés con cola vinílica.

PASO 8 • Estirar masa y cortar un óvalo del tamaño de la parte superior del moisés.

PASO 9 • Pegar el óvalo en la superficie del moisés con cola vinílica.

PASO 10 • Realizar un rollito de masa para tapar la unión del volado y el óvalo. Fijar bien con cola vinílica.

PASO 11 • Doblar un alambre, preferentemente galvanizado, en forma de "C" y pegarlo en el medio del moisés.

PASO 12 • Estirar masa blanca para realizar la capota y cortar un semicírculo.

PASO 13 • En la parte curva de la capota, hacer tablas encontradas.

PASO 14 • Pegar la capota sobre el moisés y luego, envolver con el excedente de masa el alambre. Adherir bien con cola vinílica.

PASO 15 • Hacer un rollito de masa color rosa y fijar con cola vinílica para tapar la unión de la capota y la base.

PASO 16 • Para la sábana, estirar masa blanca bien fina, cortar un rectángulo. Estirar masa rosa bien fina y cortar cintas para decorar la sabanita.

PASO 17 • Para el parche, estirar masa, cortar una pieza de la forma deseada, decorar el mismo con un corazón.

PASO 18 • Pegar el parche con cola vinílica y realizar costuras con una esteca.

PASO 19 • Ubicar la sabanita dentro del moisés.

PASO 20 • Para el volado de la capota, estirar masa del color que se prefiera, cortar una cinta del ancho deseado y con un cortante de onda mediano realizar onditas a la cinta. Con una esteca de punta, decorar con puntitos y agregar lunares.

PASO 21 • A esta cinta, realizarle tablas encontradas. Luego, adherir este volado a la capota con cola vinílica.

PASO 22 • Para el moño, partir de una bolita, dividirla a la mitad, dejando dos bolitas a cada extremo. Volvemos a dividir estas bolitas realizando una canaleta en sus laterales, redondear los filos. Dar base a estas piezas y realizar arruguitas correspondientes en los centros del moño.

PASO 23 • Colocar los moños a ambos lados del moisés con cola vinílica.

BEBÉ

PASO 24 • Para el cuerpo, forrar una esfera con prolongación.

PASO 25 • Estirar masa color blanca, cortar un círculo con un cortante.

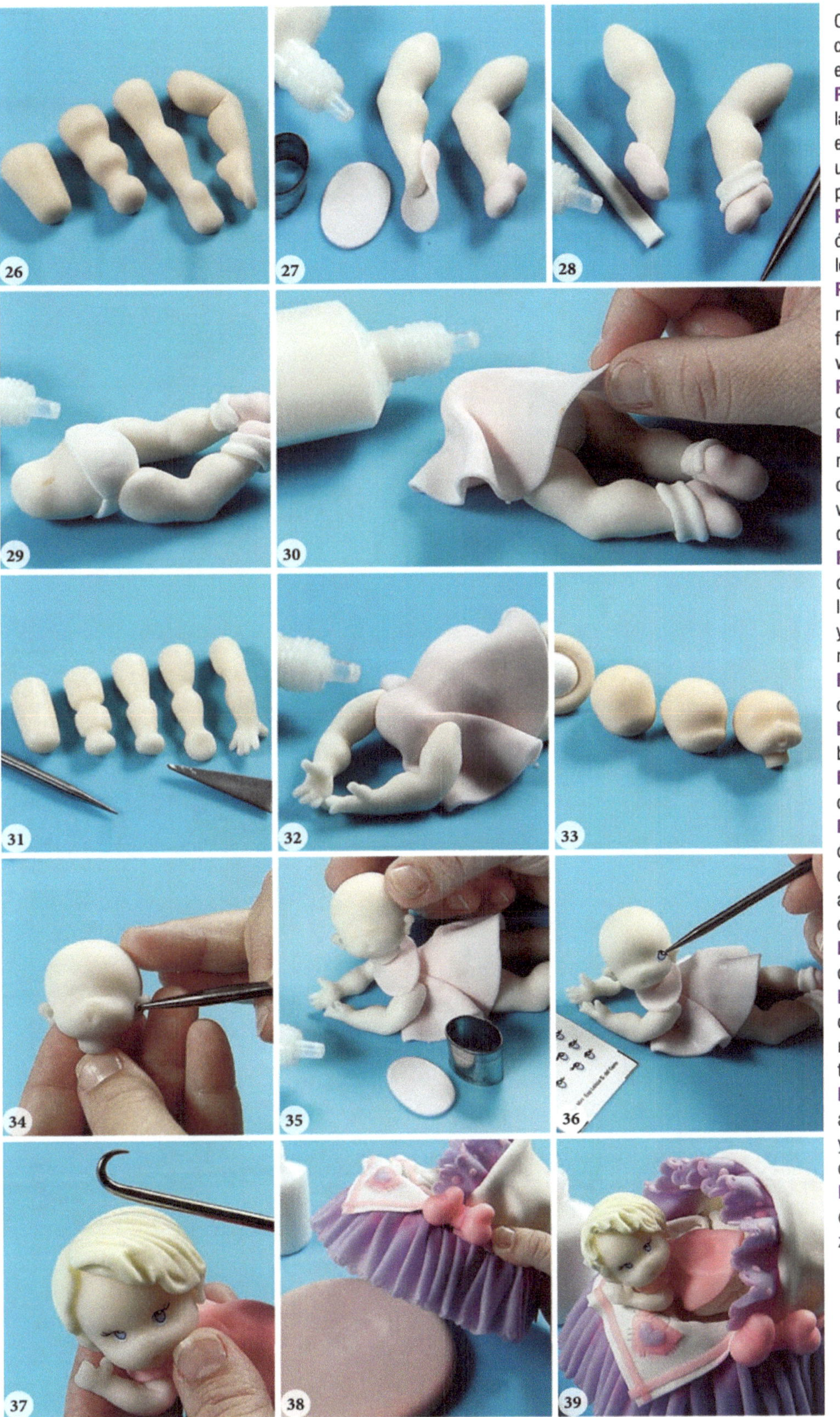

Cubrir la base del cuerpito con el círculo simulando el bombachón, eliminar el excedente con una tijera.

PASO 26 • Para las piernas, modelar dos rollitos inclinados, dividirlos en tres, marcarles las rodillas y en uno de los extremos, realizar los pies.

PASO 27 • Estirar masa, cortar dos óvalos con un cortante, pegarlos a los pies para simular los escarpines.

PASO 28 • Para las medias, estirar masa blanca y cortar dos cintas, fijar alrededor del tobillo con cola vinílica y texturar a gusto.

PASO 29 • Adherir las piernas al cuerpo con cola vinílica.

PASO 30 • Para el vestido, estirar masa color rosa y cortar un círculo con un cortante redondo. Pegar el vestido al cuerpo con cola vinílica, dándole el movimiento deseado.

PASO 31 • Para los brazos, hacer dos rollitos, dividirlos en tres, modelar el codo en la mitad del mismo y la mano en uno de los extremos marcándola de manera completa.

PASO 32 • Pegar los brazos al cuerpo con cola vinílica.

PASO 33 • Realizar una cabeza básica con la boca en forma de "O".

PASO 34 • Adherir las orejas con cola vinílica.

PASO 35 • Estirar masa, cortar un óvalo con un cortante, utilizarlo de cuello del vestido. Pegar el mismo al cuerpo y luego, colocar la cabeza con de un palillo de madera.

PASO 36 • Aplicar los ojos autoadhesivos.

PASO 37 • Para el pelo, realizar un casquito de masa amarilla claro, el mismo colocarlo en la cabeza y texturar el pelo con esteca de gancho.

PASO 38 • Para la base, forrar de ambos lados una pieza de telgopor y pegar el moisés sobre la misma con cola vinílica.

PASO 39 • Colocar el bebé dentro del moisés con cola vinílica y tonalizar con polvitos.

Ternura canina

Un presente perfecto para las fanáticas de los animales, esta perrita desplegará su encanto donde sea.

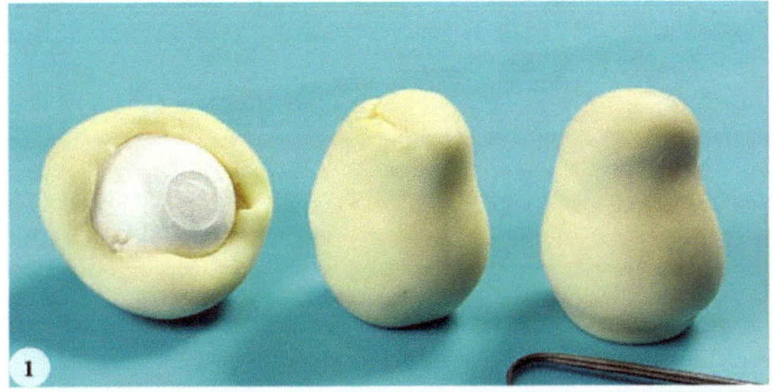

MATERIALES

- Porcelana fría: 1 kg
- Esferas de telgopor N° 7 y N° 6
- Palillos de madera
- Pigmento para porcelana: sambayón y rosa flúo
- Palo de amasar
- Estecas y bolillos
- Cola vinílica
- Rubor
- Ojos autoadhesivos
- Base de telgopor
- Cintas: de gasa y estampada
- Puntillas
- Strass
- Lámina autoadhesiva estampada
- Tijera
- Toallitas húmedas
- Flores rococó de papel
- Silicona líquida

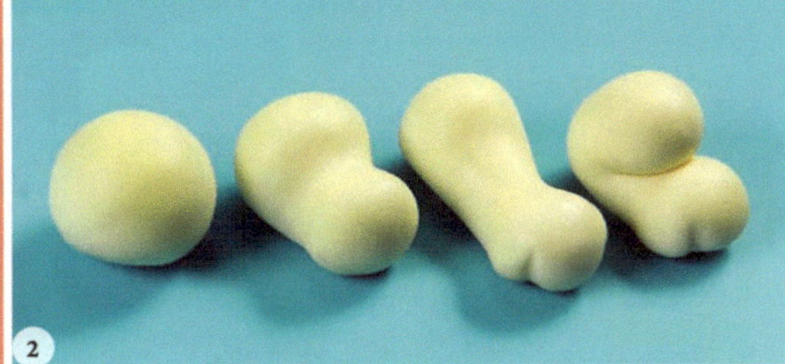

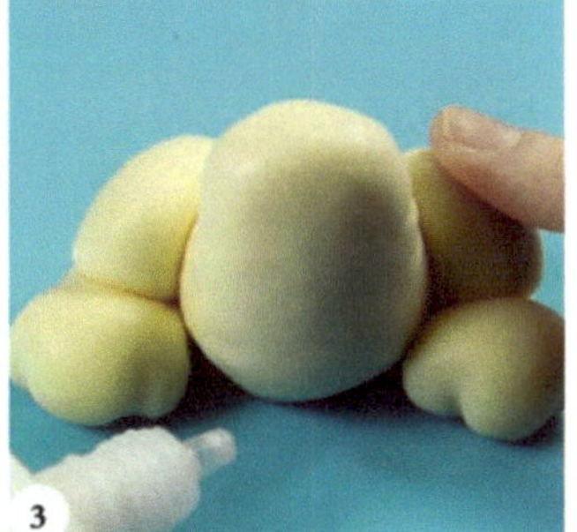

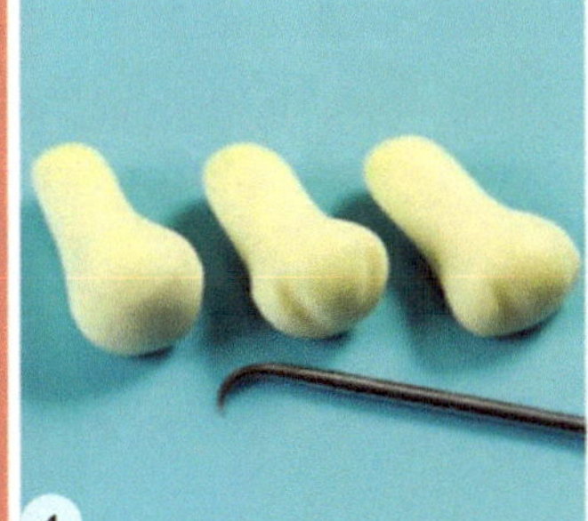

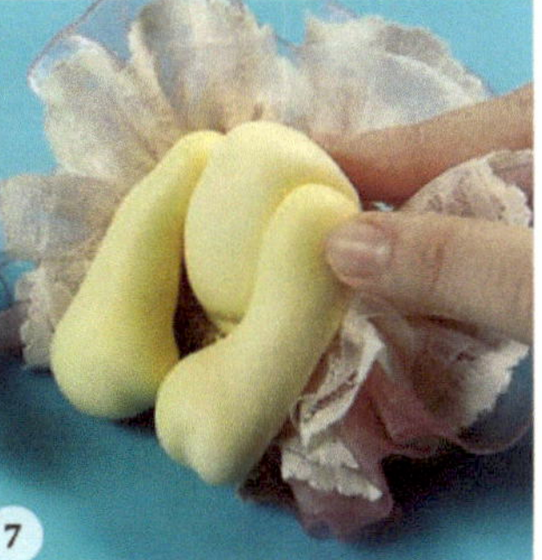

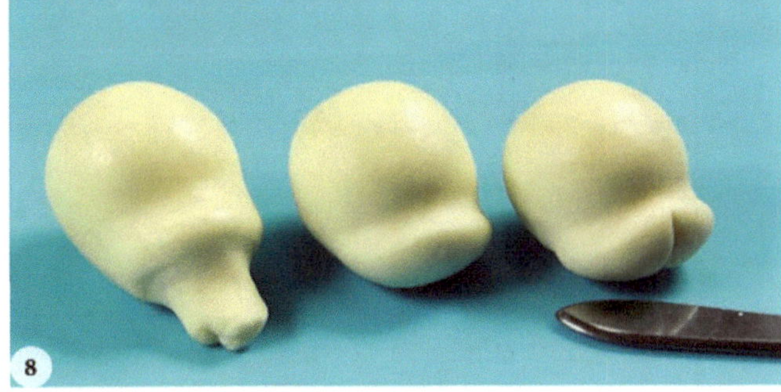

PASO 1 • Para el cuerpo, forrar una esfera con prolongación, darle movimiento y realizarle arrugas con una esteca.

PASO 2 • Modelar las patas partiendo de dos bolitas, dividir dejando un sector más grande que otro, estirar el sector más grande, dividir los dedos y doblar hacia adelante.

PASO 3 • Pegar las patas al cuerpo con cola vinílica en la posición deseada.

PASO 4 • Para los brazos, modelar dos rollitos con bolita en la punta, aplanar y dividir el sector de los dedos.

PASO 5 • Fruncir las cintas de organza y la puntilla.

PASO 6 • Colocar las cintas alrededor del cuerpo para formar la pollera.

PASO 7 • Pegar los brazos al cuerpo con cola vinílica.

PASO 8 • Para la cabeza, forrar una esfera con prolongación, dividir la frente del sector de los cachetes, dividir el hocico a la mitad y redondear bien los filos.

PASO 9 • Colocar los ojos autoadhesivos y una bolita para la nariz.

PASO 10 • Adherir la cabeza al cuerpo con cola vinílica.

PASO 11 • Para las orejas, realizar una lágrima aplanada y texturar con una esteca.

PASO 12 • Pegar una cinta sobre la frente para formar la vincha.

PASO 13 • Fijar las orejas a la cabeza con cola vinílica.

PASO 14 • Realizar moños con diferentes cintas y pegarlos sobre la cabeza.

PASO 15 • Terminar de decorar con florcitas y strass.

PASO 16 • Forrar la base de telgopor de ambos lados. Decorar la parte superior con la lámina autoadhesiva.

PASO 17 • Pegar la cinta fruncida en todo el contorno.

PASO 18 • Adherir el perrito a la base y decorar con strass para tapar la unión en todo el contorno de la base.

PASO 19 • Colocar rubor en los cachetes.

Profesora | **Adriana Garifo**

Título en mano

Un juego de 12 souvenirs para homenajear el esfuerzo y sacrificio de un estudiante.

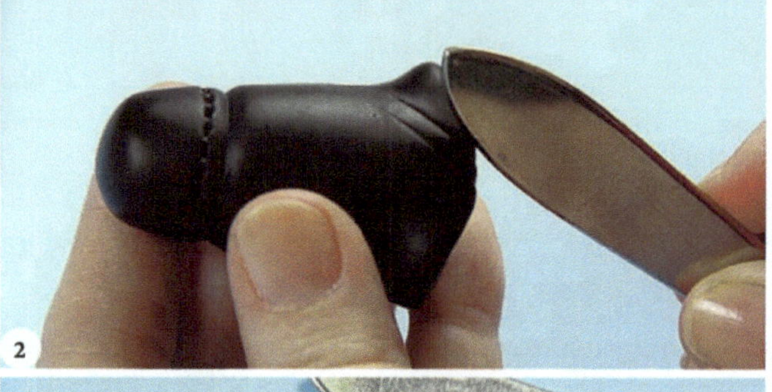

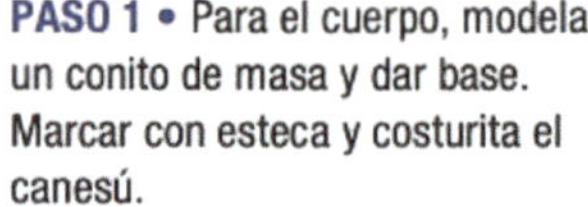

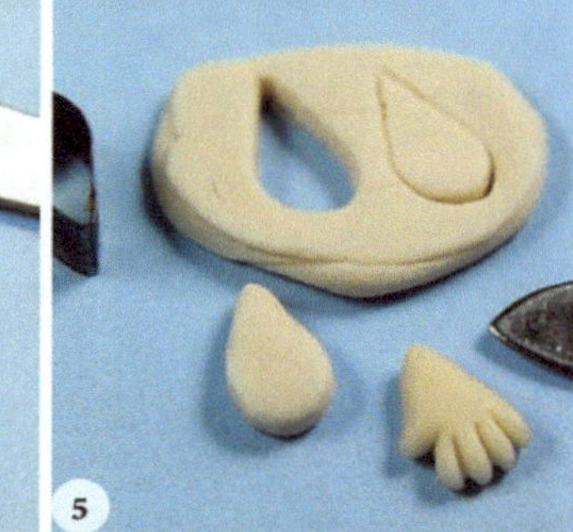

PASO 1 • Para el cuerpo, modelar un conito de masa y dar base. Marcar con esteca y costurita el canesú.

PASO 2 • Levantar de abajo hacia arriba el borde de la túnica donde se ubicarán los zapatos. Marcar arruguitas con esteca formando pliegues.

PASO 3 • Para los zapatos, modelar una lagrimita corta y pegar en el borde levantado la túnica.

PASO 4 • A partir de dos rollitos con inclinación, realizar las mangas, ahuecar y doblar marcando un codito.

PASO 5 • Para las manos, estirar masa gruesita y cortar con cortante chico. Suavizar los filos y marcar los deditos con esteca.

PASO 6 • Pegar las manos a las mangas.

PASO 7 • Adherir las mangas a los lados del cuerpo.

PASO 8 • Modelar una cabeza básica (explicada en las primeras páginas de la revista) y pegar al cuerpo.

PASO 9 • Con un rollito de masa, tapar la unión del cuello con la túnica.

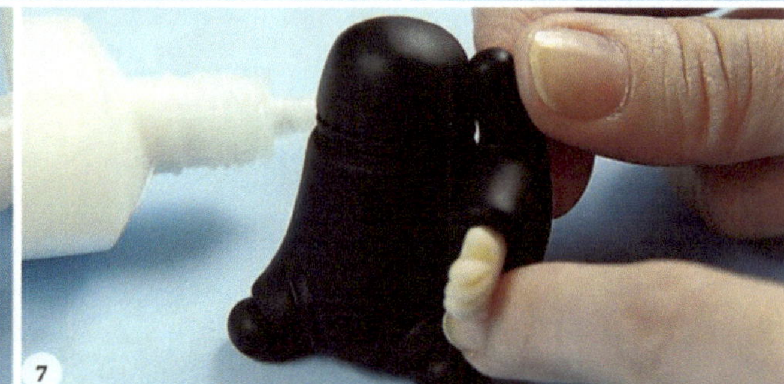

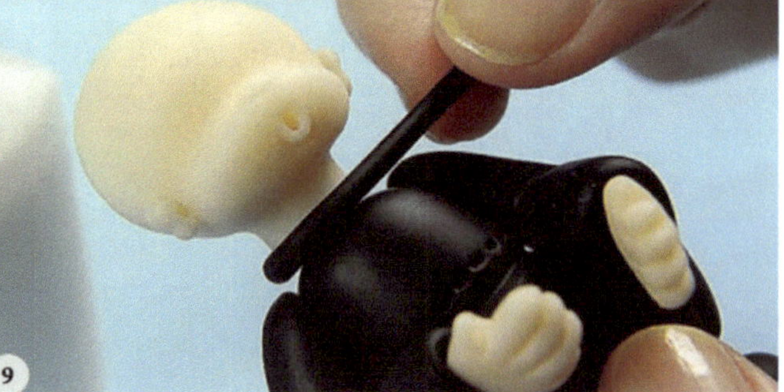

PASO 10 • Partir de una bolita de masa sin grietas y realizar el casquito para el pelo.

PASO 11 • Texturar el pelo con una esteca.

PASO 12 • Para el gorro de egresado, hacer una bolita aplastada de masa negra. Estirar masa finita del mismo color y cortar un cuadrado. Con masa roja modelar un rollito y una bolita.

PASO 13 • Armar el gorro de egresado encimando cada parte y colocar sobre el pelo texturado.

PASO 14 • Pegar ojos autoadhesivos, dibujar cejas y pecas. Aplicar polvo tonalizador para el rubor.

PASO 15 • Para el diploma, estirar masa finita blanca, cortar un cuadrado y enrollar. Con masa roja, modelar un rollito y un corazoncito.

PASO 16 • Ubicar el diploma entre las manos.

PASO 17 • Para finalizar, estirar masa blanca gruesa y cortar con cortante redondo. Adherir el egresadito a la base.

Profesora | **María Laura Rombolá**

Amorosos

Una pareja de osos para colocar en la torta de bodas y
souvenires, perfectos para un festejo íntimo y romántico.

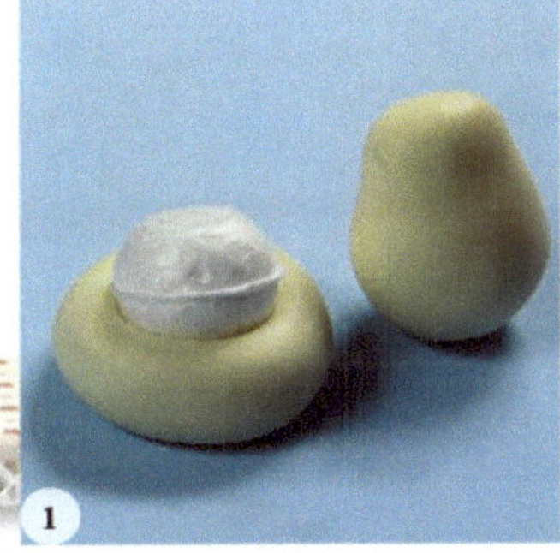
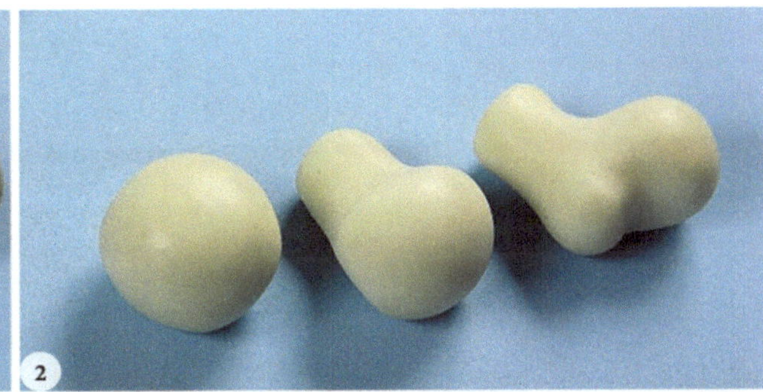

MATERIALES

- Porcelana fría: 500 g para el centro
- Esferas de telgopor N° 3 y N° 5
- Porcelana fría: 1 kg para los souvenires
- Esferas N° 3 y N° 1
- Base de telgopor ovalada
- Colores: amarillo pastel, rosa, lila y blanco
- Marcadores: lila y violeta
- Microfibra: blanca y negra
- Rubor rosado
- Puntilla de 5 cm de ancho y de 2 cm de ancho
- Servilleta para découpage
- Aguja de coser
- Hilo blanco
- Flores de cinta de bebé de mercería color amarillo
- Palillos de madera

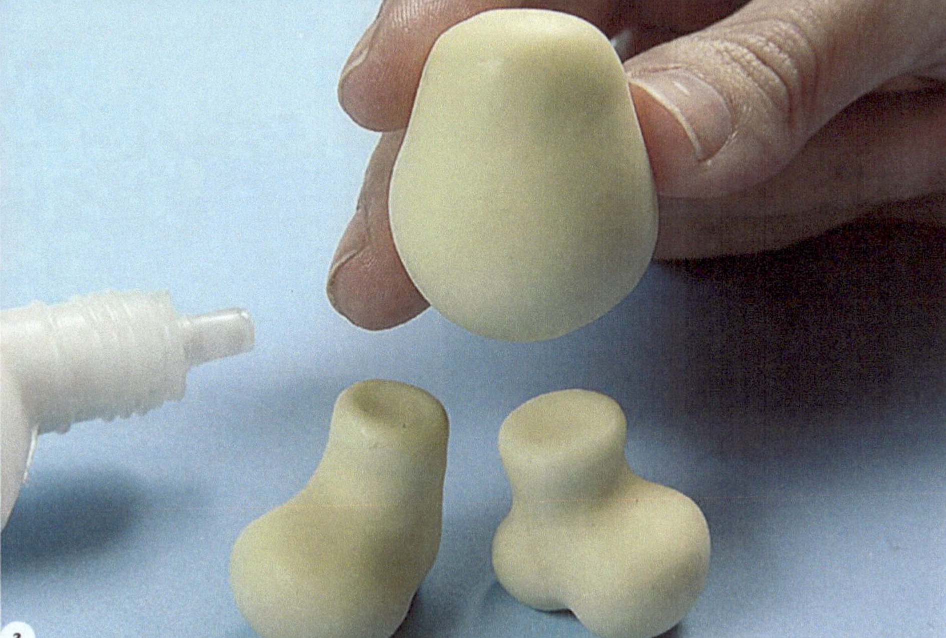

PASO 1 • Para el cuerpo del osito, forrar una esfera con prolongación de color amarillo pastel.

PASO 2 • Para las patas del osito, partir de dos bolitas sin grietas color amarillo, separar una parte para el pie y formar un rollo para la pierna. Separar el talón formando una bolita con los dedos, redondear los filos y repetir el procedimiento para las dos patas.

PASO 3 • Pegar las piernas al cuerpo con cola vinílica.

PASO 4 • Modelar una bolita sin grietas para la colita y pegarla.

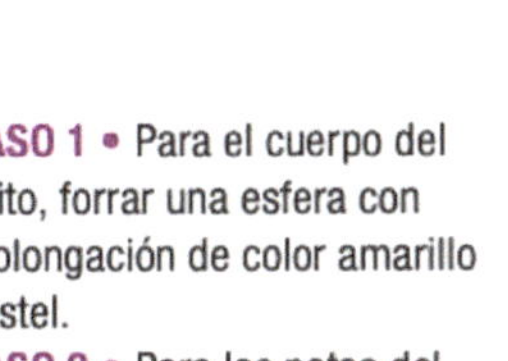
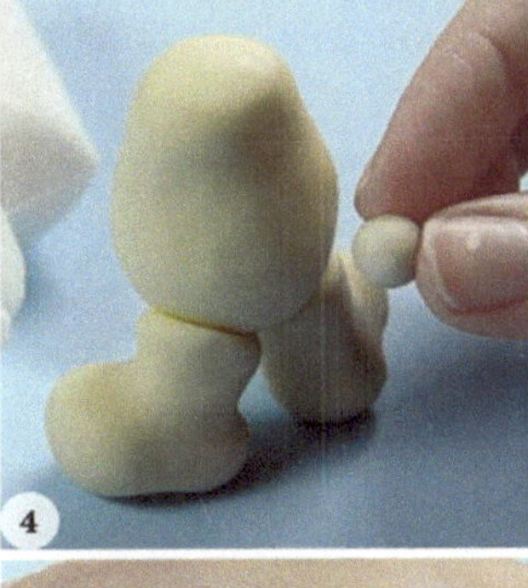
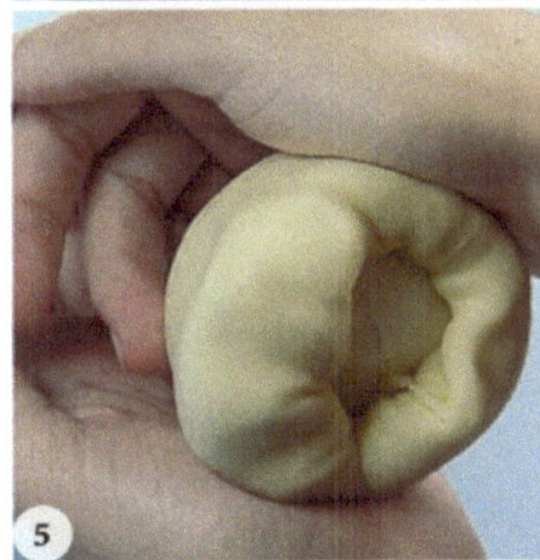

PASO 5 • Para la cabeza, forrar una esfera con prolongación, cortar el excedente y redondear.

PASO 6 • Marcar la canaleta de los ojos separando la trompa de la frente.

PASO 7 • Dividir la trompa en cuatro partes. Dejar los dos cuartos centrales para el sector de la nariz y la boca. Marcar un cuarto para cada cachete.

PASO 8 • Redondear los filos de las estecas y presionar las comisuras hacia atrás.

PASO 9 • Abrir la boca con una esteca de punta curva y redondear los filos.

PASO 10 • Con un bolillo, abrir la cavidad de la boca.

PASO 11 • Marcar una línea divisoria en la zona de la nariz.

PASO 12 • Redondear con el dedo los filos.

PASO 13 • Presionar el labio inferior para afinarlo y cerrarlo con el dedo pulgar.

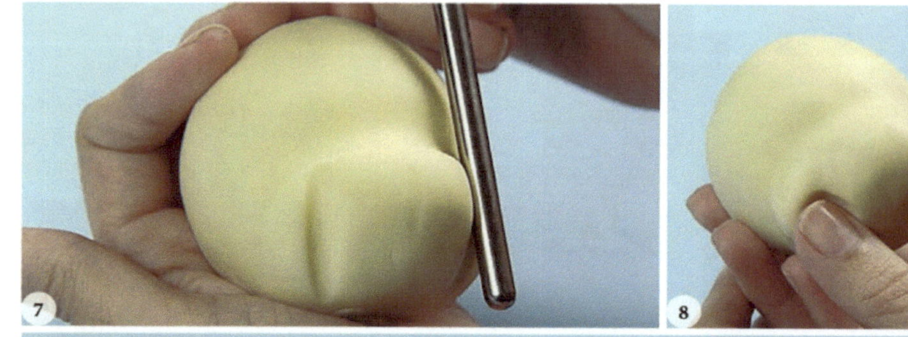

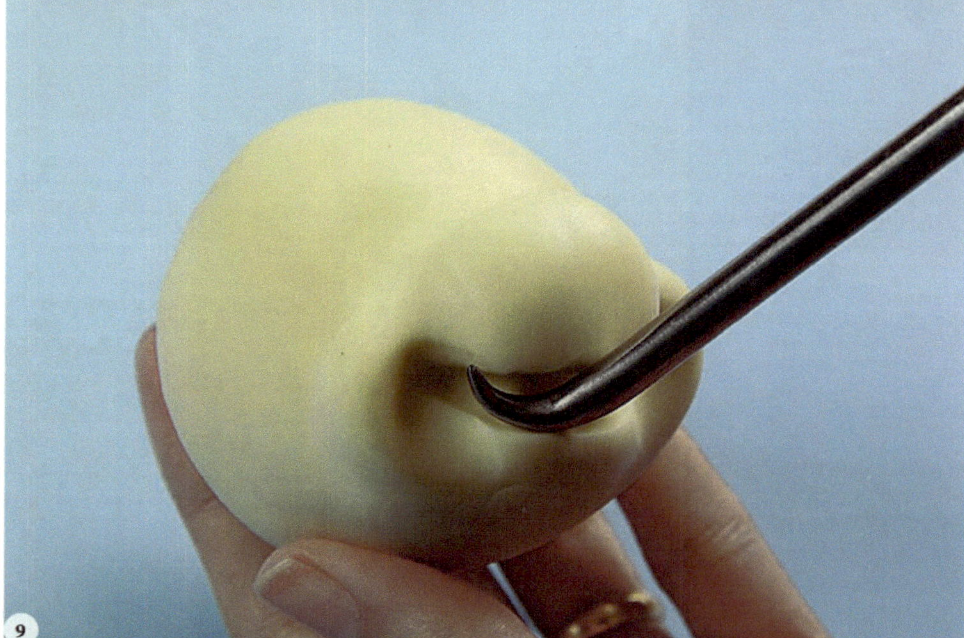

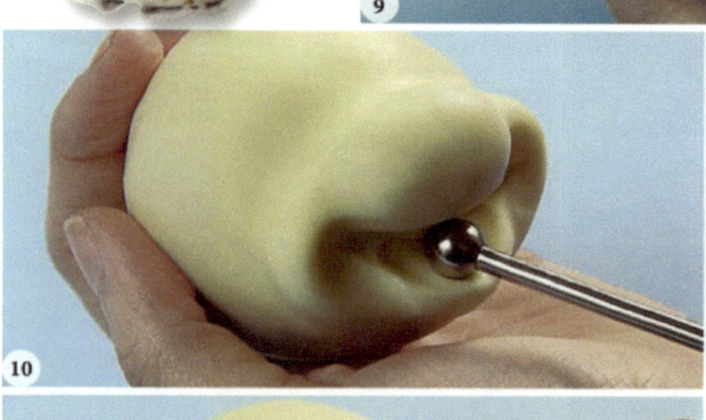

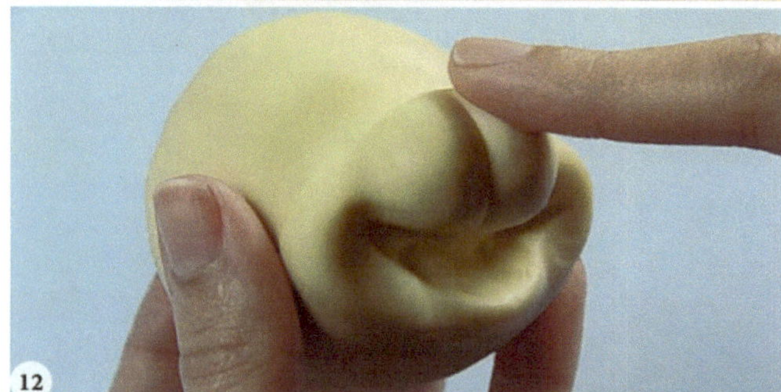

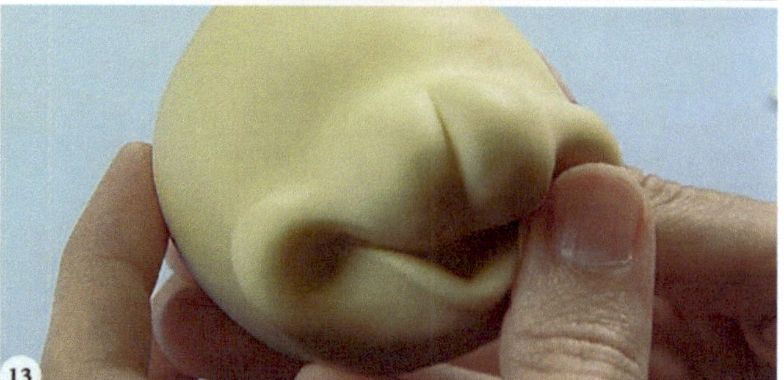

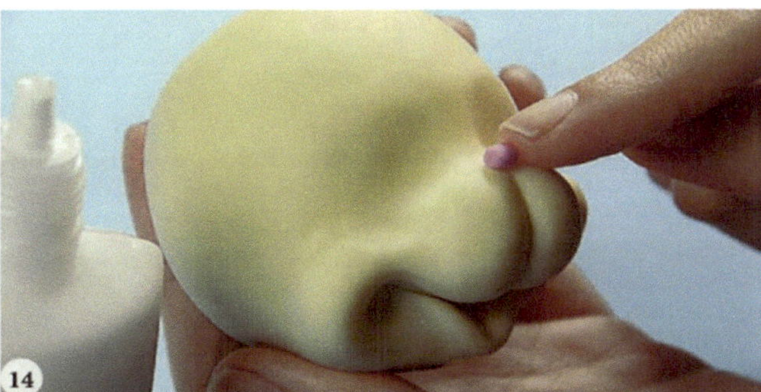

14

15

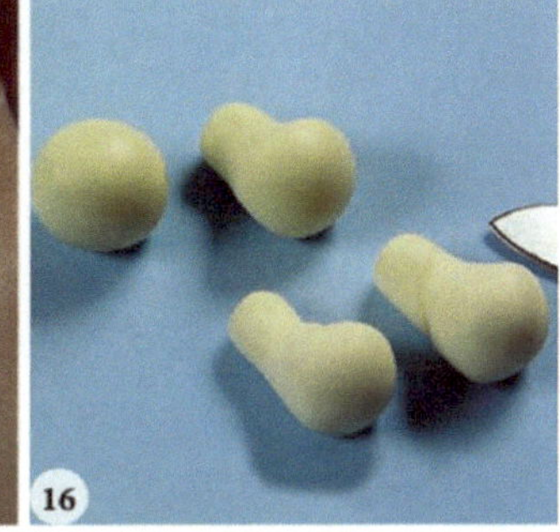

16

PASO 14 • Pegar una nariz color rosa.

PASO 15 • Adherir la cabeza al cuerpo. Una vez seca la misma, pintar los ojos.

PASO 16 • Modelar los brazos partiendo de dos bolitas, separar una bolita para la mano y formar un rollo para el brazo. Marcar arruguitas con una esteca y redondear.

PASO 17 • Realizar los dos ositos con el mismo procedimiento. Colocarlos uno al lado del otro y pegar los brazos.

PASO 18 • Para las orejas, modelar dos bolitas y presionar con el dedo para lograr un hueco.

PASO 19 • Colocar las orejas a los ositos con cola vinílica.

PASO 20 • Para las flores del ramo de la osita, partir de varias bolitas, afinar los extremos y aplanamos. Luego, enrollamos de un extremo a otro formando la rosita.

17

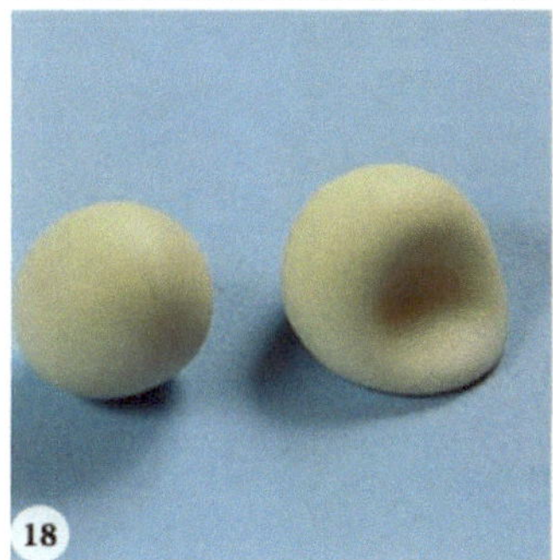

18

19

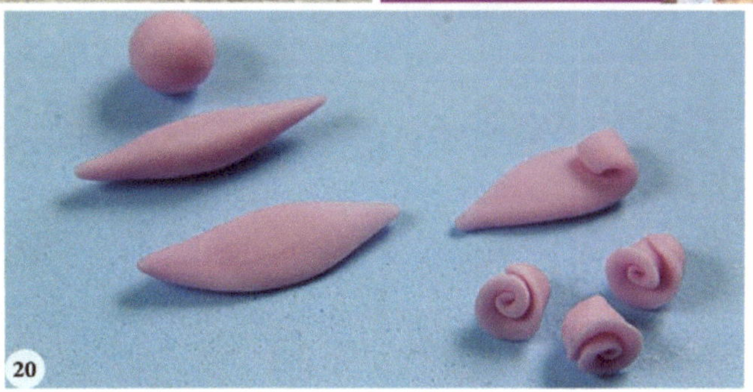

20

PASO 21 • Para la galera del osito, hacer un cilindro color lila, hacer una bolita color amarillo y aplanarla, pegarla al cilindro. Cortar un círculo color lila para el ala de la galera. Adherir todas las partes y decorar con una rosita de cinta bebé amarilla.

PASO 22 • Pegar las rositas para el ramo y fijar la galera al osito con cola vinílica.

PASO 23 • Decorar los cachetes con un corazón color rosa.

PASO 24 • Para el tul de la novia osita, fruncir la puntilla con hilo blanco.

PASO 25 • Pegar el tul a la cabeza de la osita y colocar rositas de cinta bebé color amarillo.

PASO 26 • Para la base, estirar masa blanca y adherir una servilleta de papel para découpage.

PASO 27 • Forrar la base con la masa decorada con la servilleta.

PASO 28 • Utilizar puntilla de 2 cm, fruncirla y pegarla en el borde de la base.

PASO 29 • Pegar los ositos a la base con cola vinílica.

PASO 30 • Para los souvenirs, realizar los mismos ositos más pequeños variando las posiciones de los mismos.

Profesora | **María Laura Rombolá**

Coqueterías privadas

Preciosos souvenirs en tonos y motivos ultra femeninos para el recuerdo de un momento súper especial.

PASO 1 • Cubrir la "caja libro" de fibrofácil con pintura acrílica blanca.

PASO 2 • Pintar de rosa perlado el espacio que hay entre la tapa y el lomo de la caja. Dar una mano de blanco perlado al resto de la caja.

PASO 3 • Decorar el interior de la caja pegando servilletas para découpage.

PASO 4 • Para adherir la servilleta y no romperla, usar una esponja de goma espuma y dar suaves golpecitos.

PASO 5 • Decorar la parte interior de la tapa con la misma servilleta que usamos en el interior de la caja.

PASO 6 • Decorar el borde de la caja con una puntilla blanca.

PASO 7 • Decorar con una cerradura y una llave hechas con masa rosa y un molde de silicona.

PASO 8 • Realizar molduras con molde de silicona color rosa y pegarlas en el lomo de la caja.

PASO 9 • Estirar masa color blanca. Cortar un rectángulo de una servilleta de découpage de la medida de la tapa y pegarla a la masa con cola vinílica.

PASO 10 • Con una esponja, adherir la servilleta a la masa con pequeños golpecitos.

PASO 11 • Pegar el rectángulo decorado a la tapa.

PASO 12 • Hacer una guarda con el mismo procedimiento sobre el motivo anterior.

PASO 13 • Decorar con corazones rosas hechos con molde de silicona.

PASO 14 • Utilizar un molde para obtener un marco realizado con masa rosa.

PASO 15 • Una vez seco, pegar el marco a una hoja de papel blanco y escribir el nombre deseado.

PASO 16 • Pegar el marco con el nombre a la caja.

PASO 17 • Realizar una cinta blanca con el eyector para decorar el borde de la tapa.

PASO 18 • Adherir una moldura hecha con masa color rosa y doblarla hacia abajo.

PASO 19 • Con una esponja y acrílico blanco, apoyar suavemente para resaltar los detalles de alto relieve.

PASO 20 • Colocar un diario íntimo en el interior de la caja para regalar a las nenas invitadas. Personalizar el souvenir utilizando distintos estampados de servilletas y colocando los nombres en los marcos.